KB211068

허드슨 테일러의 유산_**매일 묵상집** · 2

삶의 유산

Hudson Taylor's Legacy
Daily Readings
2. The Legacy of His Life

Selected and Edited by Marshall Broomhall

Copyright © by the Overseas Missionary Fellowship
1st printing: 1931 (by China Inland Mission); This Edition: 1974

삶의 유산

The Legacy of His Life

엮은이 마셜 브룸홀 · 옮긴이 최태희

RODEM BOOKS omf

이 도서의 국립중앙도서관 출판예정도서목록(CIP)은 서지정보유통지원시스템 홈페이지(http://seoji.nl.go.kr)와 국가자료공동목록시스템(http://www.nl.go.kr/kolisnet)에서 이용하실 수 있습니다. (CIP제어번호 : CIP2014021144)

허드슨 테일러의 유산_매일 묵상집 · 2
삶의 유산

1판 1쇄 발행 2014년 7월 20일

엮은이 마셜 브룸홀
옮긴이 최태희
표지디자인 권승린
본문디자인 최인경

발행처 로뎀북스
발행인 최태희
등록 2012년 6월 13일 (제331-2012-000007호)
주소 부산광역시 남구 황령대로 319번가길 190-6, 101-2102
전화 · 팩스 051-467-8983
이메일 rodembooks@naver.com

ISBN 978-89-98012-13-7 04230
ISBN 978-89-98012-9-0 (세트)

목차

삶의 유산

The Legacy of His Life

하나님의 말씀을 너희에게 일러 주고

너희를 인도하던 자들을 생각하라.

(히브리서 13:7)

Remember your leaders,

those who first spake God's message to you.

(Hebrews 13:7)

앞서 허드슨 테일러의 메시지의 유산을 살펴보았는데, 그 것은 삶의 유산과 분리하여 생각할 수 없는 것이다. 그 둘은 하나이며 같은 것이어야 하지 않는가?

그래서 그는 이런 기록을 남겼다. '기록된 하나님의 말씀 과 삶으로 옮겨진 하나님의 말씀 사이에는 매우 긴밀한 관련 이 있음을 상기해야 한다. 어느 것 하나를 떼어내어 그것만을 좋아할 수 없는 것이다. 기록된 말씀을 통해서 보아야 육신 이 되었던 말씀, 즉 죽음에서 부활하신 그분의 참 모습을 이해할 수가 있다.' 반면 삶이 온전하면 말로만 전하는 메시지로는 불가능한 것을 강조하여 전달할 수 있다. 그때에야 부분적으로 보이던 것이 온전히 보인다. 그 사람을 지배하고 있는 열정이 무엇인지가 더 분명해진다.

오케스트라에서는 연주되는 악기마다 구별이 분명한 공헌을 하고 있다. 악보가 음표를 정하지만, 또한 각 악기가 지닌 특색도 음조와 기능의 질을 결정하는 것이다. 하나님의 악기들은 서로 다르다. 각 개인의 삶마다 자기만의 독특한 메시지가 있을 뿐 아니라 특별한 성질도 가지고 있다. 이러한 것을 우리는 루터나 웨슬리, 번연, 허드슨 테일러에게서 볼 수 있다. 그 사람들이 다양하듯이 그들이 강조하여 전하는 메시지들도 다양하다.

풀러톤 박사는 번연이 우리에게 남긴 유산을 '은혜의 확신'이라고 했다. '은혜! 넘치는 은혜! 죄인 중 괴수에게 주시는 넘치는 은혜! 이것은 그가 쓴 위대한 책에 언제나 압도적으로 등장하는 주제일 뿐 아니라 그가 한 모든 경험이 이 한가지 선상에서 엮이고 어디에서 시작하든지 반드시 되돌아오는 주제'라고 했다.

허드슨 테일러에 대해서는 바로 이 글에서 한 단어만 바꾸면 되었을 것이다. '은혜' 대신에 '믿음'만 바꾸면 다른 수정은 필요 없다. 허드슨 테일러가 남긴 유산은 믿음에의 확신이다.

믿음! 하나님을 믿으라! 하나님의 신실하심을 붙들라! 우리는 그분을 부인할지라도 그분은 신실하게 우리 안에 거하신다. 이것이 되풀이되는 음악처럼 그의 삶을 지배하던 메시지였고 자주 나오던 주제였다. 허드슨 테일러가 교회에 기여한 부분이 다양하고 풍성하지만, 두드러지게 뛰어났던 점은 바로 이것이었다. 하나님을 믿었기 때문에 그의 삶에 힘이 있었다. 그 믿음이 그가 이룬 업적을 설명할 수 있는 단어였다.

허드슨 테일러는 의심 없이 하나님께서 당신의 말씀을 반드시 지키신다는 사실에 자신의 모든 것을 걸었다. 헐이나 런던에서 의학을 배울 때부터 중국에서 생애의 마지막을 보낼 때까지 그것은 그에게 한결 같은 진리였다. 그가 얼마나 절대적으로 이 믿음에 자신의 모든 것을 걸었는지 오늘날에는 약간의 상상력이 필요하다. 그는 쉬운 길을 선택하지 않았다. 살면서 매우 가혹하고 무자비한 상황을 만났다. 세상이 원래 힘들기는 하지만 하나님의 사랑을 모르는 땅에서는 더욱 무자비하고 잔인할 수 있었다. 그럼에도 불구하고 그는 인간의 도움을 거의 기대할 수 없는 곳으로 갔다. 자기 뒤에 있는 배를 태워버리고 모든 위험을 감수했다. 거기에서 그는 믿음이 실상인 것을 발견했다. 믿음은 '바라는 것들의 실상이고 보이지 않는 것들의 증거였다.'

허드슨 테일러는 수많은 우여곡절을 겪었기 때문에 사람

과 사건에 대해서 잘 알고 있었다. 그 모든 상황 속에서 그는 하나님의 신실하심을 증명해 보였다. 다양하고 오랜 그의 경력과 그것이 이루어낸 사역과 쟁점들은 모두 하나님의 백성이 이어받을 유산이다. 그는 하나님을 신뢰하고 따르려는 사람들에게 하나님과 하나님의 약속을 믿는 것이 쉽도록 해주었다. 이것은 작은 유산이 아니다.

그의 메시지에 능력이 있었던 것은 이 믿음이 지배하던 그의 삶 때문이었다. 말씀에 권위를 주는 것은 그 배후에 있는 인물이다. 바울과 실라의 믿음이 빌립보 간수에게 믿음을 갖게 했다. 그들이 감옥에서 지녔던 태도, 지진 가운데에서도 요동하지 않던 삶의 방식이 확신을 갖게 했다. 삶이 메시지의 진정성을 증명한다. 그리고 메시지는 삶을 설명한다.

하나님의 신실하심을 붙들라.

HOLD GOD'S FAITHFULNESS

예수께서 그들에게 대답하여 이르시되

하나님을 믿으라. (막 11:22)

And Jesus answering saith unto them,

Have faith in God. (Mark 11:22)

우리 주께서 마가복음 11:22에서 말씀하신 의도는 '하나님을 믿으라'는 것인데, 그 난외의 의미를 더 문자적으로 번역하면 '하나님의 믿음을 가지라'이다.'

사람에게는 신조가 필요하다. 여기에 짧고 명료하며 적절한 신조가 하나 있는데 매우 영감이 있는 것이다. 그것은 나이나 국적에 관계없이 모든 인간에게 필요한 것을 채워줄 수 있고 일상에서 만나는 모든 환경에 적합한 것이다. 인간이 현세에서 만나는 모든 사건에 영향을 주며 영적으로 결핍한 것을 채워주는 것이다. 우리는 하나님의 신실하심에 의지하여 '우리에게 일용할 양식을 주옵소서!' 하고 필요한 양식을 구해야 한다. 우리는 또 들의 백합화를 입히시는 그분께 우리의 의복을 구해야 한다. 세상의 모든 염려를 그분께 가져와서 아무 것도 염려하지 말아야 한다. 또 마찬가지로 영적으로 필요한 것도 모두 그분께 구하면서 '필요할 때 도와주시는 은혜를 찾고 자비하심을 얻어야 한다.'

우리의 길이 어두운가? 그분이 우리의 태양이시다. 위험 속에 있는가? 그분이 우리의 방패이시다. 그분을 믿으면 부끄러움을 당하지 않을 것이다. 혹시 우리의 믿음이 부족해도 그분은 당신의 뜻을 이루신다. '우리에게는 믿음이 없을지라도 그분은 언제나 신실하시다.'

믿음이 부족한 데는 그 뿌리에 우리의 죄와 연약함이 있다. 오직 그분을 바라보고 그분의 신실하심을 주시할 때 그러한 죄에서 벗어날 수 있다. 어두운 가운데 호수의 수면에서 나오는 빛은 태양 빛이 반사되어 나오는 것이다. 마찬가지로 인간의 믿음도 하나님의 믿음이 반사되어 나오는 흔적이다. 하나님의 믿음을 붙드는 사람은 무모하거나 저돌적이지 않으면서도, 언제나 어떤 긴급 상황이라도 대처할 준비가 되어 있을 것이다. 하나님을 믿는 사람은 아무리 상황이 불리해 보여도 용기를 가지고 그분께 순종할 것이다.

* '하나님의 신실하심'은 로마서 3:3절의 번역을 보라. '하나님의 믿음'이 분명히 그분의 신실하심을 의미하는 것으로 되어 있다. '붙들라'로 옮겨진 동사는 마태복음 21:26절에서 '모든 사람이 요한을 선지자로 여겼다' 같은 구절이 마가복음 11:32절에서는 '여기다'로 번역되었고 누가복음 20:6절에서는 다른 희랍어 단어를 써서 '요한을 선지자로 인정했다.-요한이 선지자임을 납득한다.'고 되어 있다. 원래 의미를 잘 묘사한 표현이다. 이론적으로 이렇게 생각하면 되겠다. 우리는 하나님이 신실하신 것을 믿고, 그렇게 여기면서 날마다 생활하며, 언제 어떤 상황에서도 이것이 복된 진리임을 완전히 확신해야 한다.

memo

2일

하나님을 믿으라.

HAVE FAITH IN GOD

예수께서 그들에게 대답하여 이르시되

하나님을 믿으라. (막 11:22)

And Jesus answering saith unto them,

Have faith in God. (Mark 11:22)

하나님을 믿으라. 아브라함은 하나님을 믿었다. 그래서 하나님이 능히 다시 살려 주실 줄로 믿고 이삭을 제물로 드렸다. 모세도 하나님을 믿었기 때문에 수백만 이스라엘 백성을 황량한 광야로 인도했다. 여호수아는 이스라엘은 잘 알았지만 가나안의 요새나 그들의 용감한 전술에 대해서는 아무 것도 몰랐다. 그러나 하나님을 믿고 백성들을 데리고 요단강을 건넜다. 사도들도 하나님을 믿었기 때문에 유대인의 미움이나 이방인의 적개심에 조금도 굴하지 않았다. '그러니 내가 무슨 말을 더 하리요? 그들은 믿음으로 나라들을 이기기도 하며 의를 행하기도 하며 약속을 받기도 하며 사자들의 입을 막기도 하며, 불의 세력을 멸하기도 하며 칼날을 피하기도 하며 연약한 가운데서 강하게 되기도 하며 전쟁에 용감하게 되어 이방 사람들의 진을 물리치기도' 하였다.

사탄에게도 자기의 신조가 있다. '하나님의 신실하심을 의심하라.' '정말 하나님이 말씀하신 거야? 그분이 명령하신 것이라고 착각하는 거 아니야? 정말로 그런 의미는 아닐 거야. 그러실 수 없어. 네가 지나치게 생각하는 거야. 말씀을 너무 문자 그대로 받아들이는 거지.' 아, 사탄은 성도들이 전심으로 하나님을 믿고 전심으로 헌신하는 일을 막기 위해 끊임없이 그런 논법을 사용한다. 그런데 그 일에 성공하고 있으니 얼마나 슬픈 일인지….

하나님의 거인들은 모두 연약한 사람들이었지만 하나님이 자기와 함께 하신다고 믿었기 때문에 하나님을 위해서 위대한 일을 할 수 있었다. 다윗이나 요나단과 그의 병기 잡는 자, 아사, 여호사밧, 그 이외 많은 사람들을 보라. 오, 사랑하는 친구들이여, 살아계신 하나님이 성실하며 진실하시다면, 그분을 믿자. 그분을 믿으면 중국의 모든 성에 들어갈 수 있다. 그분의 신실하심을 붙들고 있으면 조용하며 엄숙하지만 자신 있게 모든 환난과 위험을 맞을 수 있고 승리를 확신할 수 있다. 사역을 할 때 은혜 주실 것을 기대할 수 있다. 일하는 데 필요한 금전적인 도움, 필요한 시설, 궁극적인 성공이 전부 은혜로 주어질 것이다. 부분적으로만 믿지 말고 날마다 순간 마다 '하나님의 신실하심을 붙들며' 그분을 섬기자.

memo

자기 부인과 자기주장

SELF-DENIAL VERSUS SELF-ASSERTION

아무든지 나를 따라오려거든 자기를 부인하고
날마다 제 십자가를 지고 나를 따를 것이니라.

(누가복음 9:23)

If any man will come after me, let him deny himself,

and take up his cross daily, and follow me.

(Luke 9:23)

　　우리는 주 예수님의 생애 중에서 십자가를 지신 일은 당연
히 그분께만 속했던 일이었다고 생각할 수 있다. 너무도 자연
스럽게 범하는 그러한 실수를 경계하기 위해서 주 예수님은
누구든지 그분의 제자가 되려면 반드시 자기를 부인하고 날
마다 자기 십자가를 지고 주님을 따라야 한다고 가르쳐 주셨
다. 그것은 해도 되고 안 해도 되는 그런 일이 아니었다.

　　이 훈계는 꼭 그래야 하는 것인가? 자기 탐닉이나 자기주
장의 유혹은 언제나 있고 우리는 그러한 행위가 그리스도를

닮은 것이 아니라는 생각조차 하지 못하면서 계속 그런 길로 가고 있다. 자기 부인이 의미하는 바는 확실히 자기탐닉을 그저 가볍게 조금 줄이는 정도보다 훨씬 중대한 것이다.

우리는 신자로서 그리스도와 함께 십자가에 못 박혔다고 공언한다. 바울은 이것을 책임을 져야 하는 어떤 것으로가 아니라 실제적으로 이해하였다. 현대적 의미의 가벼운 표현으로 날마다 자기 십자가를 진다고 말하지 않고, 오히려 그것을 날마다 죽는다고 표현했다. 그래서 자주 죽음의 위협을 당해도 결코 놀라지 않았고, 사역할 때 아무리 어려운 역경이나 위험을 만나도 그것에 걸려 넘어지지 않았다.

또한 자기부인에서 자주 간과되고 있는 또 다른 면이 있다. 우리의 권리나 요구, 마땅히 받아야 할 것들에 대해서 하나님의 말씀은 우리에게 어떻게 하라고 하시는가? 마태복음 18:23~25절에서 우리 주님은 비유로 이렇게 가르치셨다. '내가 너희에게 자비를 베푼 것 같이 너도 네 동료에게 자비를 베풀어야 하지 않겠느냐?' 그 종은 이런 상황에서 동료에게 자기 권리를 주장하고 요구할 수 있는 것인가?

이렇게 자기의 권리를 포기하는 자기 부인의 행동 원리가 훨씬 감동적이지 않은가? 우리 주님은 빌라도의 법정에서 자신의 존재나 권리를 주장하지 않았다. 대신에 아버지께서 변호해 주실 때가 오기까지 자기를 부인하고 십자가를 지시면서 오래 기다리셨다. 주께서는 우리도 그분의 성품을 보이고 그분이 지상에서 사셨던 삶의 모습대로 살아서 증인이 되기를 원하신다. 그런데도 우리는 세상 사람들처럼 기를 쓰고 자기 명예, 자기 권리를 차지하려고 하겠는가?

memo

이를 위하여 너희가 부르심을 받았으니

HEREUNTO WERE YE CALLED

선을 행함으로 고난을 받고 참으면

이는 하나님 앞에 아름다우니라.

이를 위하여 너희가 부르심을 받았으니.

(벧전 2:20-21)

If, when ye do well, and suffer for it,

ye take it patiently, this is acceptable with God.

For even hereunto were ye called:

(1 Peter 2:20-21)

사람들이 우리의 머리 되신 영광스러우신 분의 인물과 사역이 그러했던 것처럼, 그리스도인의 부르심도 믿지 않는 사람들에게는 이해되지도 않고 매력적이지도 않다. 세상적 기준으로 보면 그분은 무슨 흠모할 모양이나 풍채도 없었고 아름답지도 않았다. 그리스도를 믿어 구원과 영생을 얻고 있으면서도 우리의 부르심 가운데에 있는 책임과 특권, 그 성격에 대해서는 그 이해가 매우 불완전할 수 있다.

그러면 우리는 무엇 때문에 부르심을 받았는가? 선을 행하고 고난을 받으며 참기 위해서이다. '골치 아픈 부르심이군,' 불신앙은 유감스러운 듯이 그렇게 말하며 뒤돌아 간다. '슬픈 일이기는 하지만 사실 그래.' 라고 슬퍼하며 반응하는 진실한 사람도 있다. 강한 믿음을 가진 사람은 '오, 아버지, 당신께서 그것을 좋게 여기시니 감사드립니다.'라고 한다. 성령께서 이 말씀을 기록하셨던 때부터 지금까지 하나님은 변하지 않으셨다. 사람도 변하지 않았고 영혼의 대적자도 변하지 않았다.

하나님은 무슨 일을 행하실 때 결코 독단적으로 이랬다저랬다 하지 않으신다. 그렇기 때문에 완전한 지혜와 완전한 선에서 나오는 모든 행동과 필요 조건은 필연적으로 선하고 지혜로운 것이다. 그러기 때문에 우리에게 고난을 참아야 하는 부르심이 있을 때, 우리는 그저 참는 것이 아니라 그것을 감사하며 기뻐한다. 왜냐하면 바른 견해로 보면 참지 못할 이유나 변명 보다는 오히려 감사하고 기뻐할 이유가 넘쳐나도록 풍성하기 때문이다. 초대 그리스도인들은 자기 재산을 빼앗기고 악하다고 버림을 받았을 때, 자기들이 고난 받기에 합당하게 여기심을 받았다고 크게 기뻐하였다.

말씀을 사람들이 이해할 수 있도록 전하려면 그렇게 살아야 한다. 하나님은 실제로 이렇게 말씀하고 계시다. '너희는 아직 믿지 않는 이들에게 가서 나를 대표하는 자들로 살아라.' 정말로 기뻐하라. 그리고 사람들이 그 기뻐하는 것을 보게 하라. 개인적으로 부당하게 고난을 당할 때 그것을 하나님의 은혜를 알릴 기회로 삼으라. 박해가 크면 클수록 증거하는 힘도 그만큼 강력할 것이다. 그러한 증거가 헛된 적은 한 번도 없었다.

memo

주는 것이 더 복되다

MORE BLESSED TO GIVE

주 예수께서 친히 말씀하신 바

주는 것이 받는 것보다 복이 있다 하심을

기억하여야 할지니라.

(사도행전 20:35)

Remember the words of the Lord Jesus,

how he said, It is more blessed to give than to receive.

(Acts. 20:35)

오, 주께서 우리 펜에 새로운 기름을 부으셔서 우리 영혼과 독자의 영혼이 이 진리에 깊이 감화되게 하소서!

은혜로우신 우리 주님은 이 진리를 말로 전하는 것으로만 만족하지 않으셨다. 그분께서는 그것을 죽음으로 드러내셨다. 우리가 채워지도록 자신을 비우셨다. 오, 그분은 아무 것도 남기지 않고 우리를 위해서 자신까지 주셨다. 이것을 이해하고 삶으로 살아낼 사람들을 위해서 그렇게 하신 것이었다.

우리는 그리스도 안에 있는 우리의 충만함을 왜 그렇게 거의 경험하지 못하고 있는가? 왜 그러한 기쁨이 그렇게 빈약한가? 간단하다. 우리가 주는 일에 인색하기 때문이다. 교회의 불신앙과 이기심, 인색함 때문에 그 넓은 세상이 그대로 멸망해 가도록 버려두고 있고 그것이 교회를 허약하게 하는 것이다. 그런데 교회는 그것을 거의 깨닫지 못하고 있다. 세상은 성도들의 삶에서 무슨 메시지를 받는가? 그리스도는 세상에 빛을 주셨는데 교회는 멸망해 가는 자들에게 그것을 부인한다. 그리스도께서는 '모든 족속에게' 라고 하셨는데 교회는 '아니, 아니에요. 당신이 하고 싶으면 본국에서 어느 정도 하면 되지, 해외라니… 아니다. 원하면 선교사 몇 사람이면 되지 많이는 아니다. 멸망해 가는 사람들 때문에 내가 곤궁해 지라고? 싫다!'

주는 것이 받는 것보다 더 복되다고 믿는 사람들이 많이 있어서 기쁘다. 그런데 우리가 주저하지 않고 확언하건대, 교회라고 하면서도 믿지 않는 세상에 주는 메시지는 대체적으로 주는 것이 받는 것보다 더 복된 것이 아니라는 것이다. 그러니 세상이 더욱 회의적이 되어 가고 불신앙이 더욱 만연해 가는 것도 그리 이상한 일이 아니다!

우리가 이 말씀을 믿든지 안 믿든지 '주는 것이 받는 것보다 더 복되다.' 우리가 주는 사람이 되기만 한다면 주께서는 우리에게 파종할 씨도 주시고 먹을 양식도 주실 것이며, 모든 선한 일을 행하기에 넘치도록 모든 것을 언제나 풍성하게 주실 것이다. 오직 주는 사람이 되라. 가지고 있는 빵이 다섯 개든 500개든 그것은 중요하지 않다. 하나님께서 늘려주시지 않으면 개수個數가 더 많다고 해서 모자랄 때보다 더 충분한 것이 아닌 것이다.

memo

그리스도 안에 거하기

ABIDING IN CHRIST

내 안에 거하라 나도 너희 안에 거하리라

가지가 포도나무에 붙어 있지 아니하면

스스로 열매를 맺을 수 없음 같이

너희도 내 안에 있지 아니하면 그러하리라.

(요한복음 15:4)

Abide in Me, and I in you.

As the branch cannot bear fruit of itself,

except it abide in the vine;

no more can ye, except ye abide in Me.

(John 15:4)

그리스도 안에 거하는 것이 얼마나 중요한지에 대해서는 더 이상 말할 필요도 없다. 그분 안에 거하지 않으면 열매를 적게 맺거나 질 낮은 열매를 맺는다는 말이 아니다. 우리는 그분을 떠나서는 **아무 것도** 할 수 없다. 거하면서 열매를 맺거나 아니면 전혀 열매는 맺지 못하고 그저 일만 할 뿐이다. 열매와 일의 구별은 중요하다. 일은 그저 기능일 뿐 일군의 성품을 보여주지 않는다. 나쁜 사람도 좋은 의자를 만들 수 있다. 다시 말하지만 일은 좋고 유용할 수 있지만, 그 성질은 전하지 못한다. 반면 열매는 열매 맺는 자의 성품을 나타내며 그 안에 번식할 수 있는 씨를 가지고 있다.

'내 안에 거하고 내가 네 안에 거한다'는 뜻이 무엇인가? 이 장章에서는 '나는 ~ 이다'라는 두 단어가 열쇠이다. 문제는 우리가 어떤 사람이고 어떤 일을 할 수 있는가가 아니다. '내가 참 포도나무이다' 그리고 '내 아버지는 농부이다.' 하나님은 우리 생각의 방향을 완전히 돌려놓으신다. 실제로 전혀 자신을 생각하지 말고 대신에 '하나님을 믿으라, 또 나를 믿으라!'고 말씀하시는 것이다.

'나는 포도나무이다.' 포도나무 중 한 부분이 아니고 포도나무 전체이다. 뿌리, 줄기, 가지, 잔가지, 잎, 꽃, 열매가 전부 그 안에 있다. 어떤 사람은 이것을 전체적으로 보지 못하고 마치 '나는 뿌리이고 너희는 가지이다.'인 것처럼 이해한다. '아, 뿌리에는 영양이 충분히 있는데 어떻게 해야 빈약하고 발육이 나쁜 내 가지에 풍성한 수액을 빨아올릴 수 있을까?' 하고 있다. 가지는 포도나무에서 아무것도 받아내지 않는다. 가지는 포도나무 안에 있는 모든 것을 가지고 있다. 우리도 그리스도 안에서 그러하다.

‘안에’라는 짧은 단어를 주목할 필요가 있다. 그것은 더 많은 것 안에 적은 것이 들어갈 때 사용되는 ‘안쪽에’라는 의미가 아니다. 본문에 사용된 ‘안에’는 ‘합체된 상태’ 즉 신분을 의미하는 것이다. 가지는 우리 몸의 눈이나 귀처럼 포도나무와 유기적으로 하나인 같은 생명체이다. 또 ‘거하다’는 노동이나 활동보다는 정지(靜止)를 뜻하는 개념이다. 애써 추구하는 것이 아니라 이미 획득한 즐거움 안에서 안식한다는 의미이다.

　‘네가 내 안에, 내가 네 안에’라는 표현은 서로 안에 사는 것을 가리킨다. 가끔만이 아니라 항상 그 두 가지 진리를 염두에 두어야 할 것이다.

그리스도 안에 거하는 방법

7일

HOW TO ABIDE IN CHRIST

나는 포도나무요 너희는 가지라

그가 내 안에, 내가 그 안에 거하면

사람이 열매를 많이 맺나니

나를 떠나서는 너희가 아무 것도 할 수 없음이라.

(요한복음 15:5)

I am the vine, ye are the branches:

He that abideth in me, and I in him,

the same beareth much fruit:

for apart from Me ye can do nothing.

(John 15:5)

이것이 이루어질 수 있는 단 한 가지 방법이 있는데, 그것
은 믿음이다. 우리는 믿음으로 구원 받고 믿음으로 산다. 그
렇다고 해도 우리는 자신의 믿음보다는 그 믿음의 대상에 더
골똘해야 한다. 광학적 제 특성이나 눈의 구조를 파고들지 않
아도 우리는 아름다운 경치를 보고 즐거워 할 수 있다. 그것

29

을 즐기려면 바라봐야 한다. 그렇게 우리는 안쪽으로 시선을 돌려 우리 믿음의 성질과 한계를 고찰해서는 안 된다. 대신에 밖을 향하여 눈을 돌려 약속하신 분과 그분의 약속에 사로잡혀 있어야 한다.

모든 충만 안에 거한다는 주제에 대해서 하신 성경 말씀을 믿음으로 받아들이라. 그리스도께서는 '내가 포도나무이다'는 말씀이나 '너희는 가지이다.'라고 하실 때 둘 다 현재 시제를 쓰셨다. 그분은 찾으라, 애쓰라고 하지 않으시고 하나님이신 그분과 당신이 현재 그분과 맺고 있는 관계에 의지하라고 말씀하신다.

'저는 그분 안에 거한 열매가 없습니다.'라고 하는 분이 있을지 모르겠다. 하나님의 약속이 이루어지기를 믿음으로 주장하지 않았다면 틀림없이 열매가 없을 것이다. 하나님은 가나안 땅을 약속하셨지만 이스라엘이 그 약속을 취해야만 했다. 이스라엘이 대담무쌍하게 자기 소유라고 주장하며 발로 밟고 적들을 내쫓았던 땅은 모두 그들의 것이 되었다. 우리도 그럴 것이다.

그렇다고 해도 이 말씀에서 가르치고 있는 이상으로 까지 그 의미를 확대해서는 안 된다. 그리스도 안에 거하는 것은 죄 없음을 의미한다고 하는 가르침은 성경에서 찾아볼 수 없다. 그렇지만 거하는 것이 죄 없음과 동일하지는 않아도 알려

진 죄에 계속 빠져 있는 것과는 양립할 수 없는 것이다.

결론적으로 우리가 그리스도와 연합되어 있다는 진리는 매우 소중한 것이다. 그것은 사실이지 감정이 아니다. 한 남자에게 있어서 잠 잘 때나 깨어 있을 때, 해외에 있을 때나 집에 있을 때를 막론하고 언제나 그 아내와는 하나이다. 그 사실을 자각하고 즐거움이 솟아나는 것이지 그것을 만들어 내거나 그렇게 되기 위해서 공헌하는 것이 아닌 것이다. 그 둘은 서로가 서로에게서 독립되어 있다. 연합을 자각할 때 거할 힘이 솟아난다. 구하거나 기다리지 말고 구세주의 말씀을 믿음으로 받아들이자. '너희는 **(정말로 나의)** 가지이다.'

8일 중단 없는 기쁨(개인 편지)

UNINTERMITTING JOY

내가 이것을 너희에게 이름은

내 기쁨이 너희 안에 있어

너희 기쁨을 충만하게 하려 함이라.

(요한복음 15:11)

These things have I spoken unto you,

that my joy might remain in you,

and that your joy might be full.

(John 15:11)

　　최근 저장성에 있는 우리 선교센터에 갔는데 경치가 참 아름다웠다. 스위스에 초대해 주었을 때 보았던 경치가 생생하게 생각났지. 물론 여기 산은 그렇게 높지도 않고 빙하 같은 것도 없다. 그래도 아주 좋고, 조금 부족한 부분은 열대적인 아름다움과 무성함으로 보충이 되더구나. 유럽 경치가 실증나면 와서 중국 경치를 보아! 그런데 슬픈 일이지. 이 아름다운 땅에서는 그 모든 것을 만드신 하나님께 아무도 주의를 기울이지 않으니 말이야.

우리 중국 사역자들이 쉼터와 절 앞에 몇 개 붙인 전도지를 제외하고 며칠 동안이나 주님을 증거하는 장면을 보지 못했고 증거하는 소리를 듣지 못했다. 모든 것이 땅에 속한 것이고 정말로 세속적인 것들뿐이다. 언제나 되어나 수백 곳이나 되는 중국의 마을과 도시에 전도자가 지나가면서라도 그분의 소식을 전하게 될까?

선교센터에 들를 때마다 새로 믿은 성도들을 소개해 주는데 장래에 추수가 있겠다고 생각되는 곳이 많이 있다. 지금 현지에서는 선교사나 중국인 사역자들에게 성령의 능력이 얼마나 더 필요한지 …. 성령으로 충만해서 그리스도만을 위해서 사는 중국 그리스도인들이 더욱 많이 필요하고, 외국에서 선교사들이 더욱 많이 와서 길을 인도해야 하겠다.

들으려고 하는 사람은 수 없이 많은데 그리스도를 실제로 살아계셔서 빛으로 충만하신 분으로 증거할 수 있는 사람, 주님의 기쁨이 중단 없이 가슴에 차 올라 끊임없이 흘러넘치는 사람은 너무도 적다. 그런데 틀림없이 이것이 우리의 몫이고 의무이다. 포도나무와 가지, 몸과 그 지체와 같은 자연 속에는 생명의 소통이 중단되는 일 같은 것은 존재하지 않는다. 은혜 안에 그러한 것이 있어야 하지 않겠니?

그리스도께서 당신의 평화와 기쁨, 당신 자신까지 주셔서 우리에게 끊임없는 생명과 평화, 기쁨과 능력이 되어 주시니 말이다. '그들은 주의 이름으로 인하여 온 종일 기뻐합니다.' '오, 주님! 그들은 당신의 얼굴 빛 안에서 걸을 것입니다.'

memo

온전한 신뢰

A FULL TRUST

아무 것도 염려하지 말고

다만 모든 일에 기도와 간구로,

너희 구할 것을 감사함으로 하나님께 아뢰라.

그리하면 모든 지각에 뛰어난 하나님의 평강이

그리스도 예수 안에서 너희 마음과 생각을 지키시리라.

(빌립보서 4:6,7)

Be careful for nothing;

but in every thing by prayer and supplication with thanksgiving

let your requests be made known unto God.

And the peace of God, which passeth all understanding,

shall keep your hearts and minds through Christ Jesus.

(Philippians 4:6,7)

모든 하나님의 자녀들에게 얼마나 친숙하고 소중한 말씀인지! 그래서 우리는 이 말씀을 즐겨 묵상한다. 필시 그 명령을 따르려고 자주 시도를 해보았고 열심을 내어 진심으로 그렇게 될 수 있기 위해서 기도도 했을 것이다. 그럼에도 불구하고 우리에게는 염려가 밀려오고 하나님의 평강이 우리 생각을 언제나 지켜주지는 않는다. 아마 평강이 있기는 할 것이지만 가끔씩 중단이 되는 불완전한 것임을 스스로도 의식하고 있을 것이다.

이렇게 하시는 명령에 대하여 어떻게 살아야 하겠는가? 말하지 않아도 강력한 증거가 되는 삶은 어떤 것이겠는가? 그것은 다른 말씀과 마찬가지로 그저 좋아하고 찬양하라고 주신 것이 아니라 충분히, 온전히 그리고 끊임없이 순종하라고 주신 말씀이다. 우리는 순종하려고 기도했지만 실패했다. 이 말씀이 참으로 우리가 따라야 할 이상이고 아름다운 것이라고 하면서도, 말과는 다르게 우리 행동으로는 일상생활에서 실천하기가 불가능하다고 하고 있다.

그러면 질문을 하게 된다. 우리는 왜 실패했는가? 하나님께 도와달라고 기도는 하면서 우리 편에서 해야 할 일을 하지 않아서는 아닌가? 틀림없이 '우리 편'에서 하는 일에 실패한 것이다. 우리는 '하나님께서 명령하실 때는 할 수 있는 힘도 주신다.'는 말씀을 들은 적이 있다. 그런데 명령에 순종할 수 있는 힘은 오직 그 명령을 내리시는 하나님으로부터 온다는 사실을 경험적으로 알지 못했던 것이다.

마지막까지 남아 있는 염려의 찌꺼기를 맡기고 났을 때의 안도감과 안식은 경험한 사람 밖에는 아무도 모른다. 이것은 노력해서 높은 경지에 도달하는 것이 아니다. 우리는 처음 예수님께 왔을 때 완전히 무기력한 상태로 그분 앞에 무릎 꿇고 용서와 평안을 구하지 않았는가? 그것은 완전히 거저 받은 은혜가 아니었던가? 그때처럼 그렇게 오지 않겠는가? 그때의 그 은혜가 당신을 죄의 결과에서 구원해 주셨던 것처럼 이제 그 죄의 세력에서도 구해 주실 수 있도록.

memo
_____
_____
_____
_____
_____
_____
_____
_____
_____
_____

오직 하나님뿐
GOD ONLY

나의 영혼아 잠잠히 하나님만 바라라
무릇 나의 소망이 그로부터 나오는도다.
오직 그만이 나의 반석이시요 나의 구원이시요
나의 요새이시니 내가 흔들리지 아니하리로다.

(시편62:5,6.)

My soul, wait thou only upon God;

for my expectation is from him.

He only is my rock and my salvation:

he is my defence; I shall not be moved.

(Psalm 62:5,6)

　　우리는 하나님의 자녀로서 질환이나 사별, 예기치 않은 시
험을 만날 때, 갑자기 자기 영혼이 오직 하나님만을 바라보
지 않고 수단이나 환경을 의지하고 있음을 깨닫고 소스라치
게 놀랄 때가 있다. 스스로의 힘이나 어떤 선택된 지도자에
게 기대를 걸고 있던 것이다. 그런데 그것이 '전적으로 그분

께로부터' 온 것이 아니기 때문에 거의 소망을 잃고 요동하였다. 시험을 만나면 우리는 충동적으로 사람에게로 향한다. 그렇지만 아마도 사람의 도움은 소용이 없고 그가 보이는 동정심도 별로 의지가 되지 못한다. 그때 우리는 오직 하나님께로밖에 갈 곳이 없고 그분께만 기대게 된다. 도움을 받기 위해서 다른 수단을 전부 써보다가 마지막으로 하나님께로 가서는 안 된다. 오히려 크건 작건 어려움을 만나면 맨 처음으로 하나님을 찾아야 한다.

얼마나 슬픈 일인가! 참된 비밀을 알았더라면 하나님의 능력이 머무는 것을 보았을 텐데… 하나님께서는 자신의 영광을 다른 이에게 주지 않기 때문에 사람들이 그것을 볼 수 없었다. 인간의 능력! 그것이 무엇이란 말인가? 우리의 싸움은 혈과 육에 대한 것이 아니다. 그렇다면 육신의 힘은 어떻게 극복할 수 있는가? 오, 기독교 사역자들이 알아야 할 것은 하나님의 좋은 선물을 하나님 자신보다 조금이라도 더 의지하면 안 된다는 것이다! 위대한 사도는 '내가 약할 때 곧 강하다'고 했다. 그가 자랑으로 여기던 것이 우리에게는 얼마나 인기가 없는가? '내가 도리어 크게 기뻐함으로 나의 여러 약한 것들에 대하여 자랑하리니 이는 그리스도의 능력이 내게 머물게 하려 함이라. 그러므로 내가 그리스도를 위하여 약한 것들과 능욕과 궁핍과 박해와 곤고를 기뻐하노니 이는 내가 약한 그 때에 강함이라.' 그리스도의 능력이 우리에게 머물게 하기 위해서라면 아무리 큰 대가라도 기꺼이 치를 수 있는 것이 아닌가? 오직 하나이신 반석, 오직 한 분이신 구원, 오직 하나인 요새이신 분이 우리 하나님이시기 때문에, 무엇이라도 다른 것으로 대치하는 비율만큼 약함과 실패와 죄를 겪을 것이다. 하나님과 함께 하는 힘이 사람과 함께 할 때 나타나는 힘의 참된 척도가 될 것이다.

memo

그리스도를 얻기 위해

WINNING CHRIST

모든 것을 해로 여김은

내 주 그리스도 예수를 아는 지식이 가장 고상하기 때문이라.

내가 그를 위하여 모든 것을 잃어버리고 배설물로 여김은,

그리스도를 얻고,

(빌립보서 3:8)

I count all things but loss for the excellency of the knowledge of Christ

Jesus my Lord:

for whom I have suffered the loss of all things,

and do count them but dung, that I may win Christ,

(Philippians 3:8)

우리는 그리스도를 얻는다는 주제에 대해서 충분히 주의를 기울이고 있는가? 그분을 이루 말할 수 없는 하나님의 선물로서 알게 된 것은 우리의 기쁨이고 특권이다. 사도 바울은 이 사실에 대해서 그 누구보다도 잘 알았다. 그런데 그가 이 지식에 만족하였는가? 아니면 그리스도를 얻고 그분의 부

활의 능력을 알아서 그의 고난에 참예하는 일을 위하여서라면 그 어떤 대가라도 치르겠다고 간절히 소원하고 있었는가? 오, 그리스도께서 우리 각자에게 '살아계신 분, 멋진 존재'로 이해가 되어 우리의 한 가지 소원이, 사도 바울이 간절히 사모했던 것처럼 그분을 얻고 알게 되는 것이 되기… 그것이 우리의 마음을 사로잡는 열정이 되기를 소원한다.

그리스도를 얻는다는 말은 무슨 뜻인가? 얻는다는 동사는 '획득하다', '이익을 보다' 등 거래나 교환을 할 때 쓰는 말이다. 신자라면 대부분 그리스도께서 자기의 전부라고는 하지 못해도 자기 마음에 큰 부분을 차지하고 계신다고 진심으로 말할 것이다. 그리스도를 얻기 위해서 자기에게 유익한 것을 버리는 데까지는 아직 이르지 못한 것이다.

우리는 어떻게 그리스도를 얻을 수 있는가? 사역을 하면서 우리에게 자연스럽게 가장 소중하게 생각되는 것을 우리 편에서 기쁘게 포기함으로써 얻을 수 있다. 또한 아버지의 사랑이 명하시는 손실과 십자가를 묵묵히, 진심으로 따르는 가운데 얻을 수 있다.

우리가 알기로 하나님께서는 사람들에게서 기쁨이 되는 부분을 제거하실 때가 많은데, 그 일을 통하여 자신을 그 어느 때보다 더 풍성하게 계시하신다. 인간적으로는 슬플 수밖에 없는 바로 그 때, 신자가 주께서 다루시는 부분을 전심으로 기쁘게 받아들이면 그것이 하나님께 큰 영광을 돌리는 믿음의 승리가 된다. 육체와 마음이 쇠잔해지고 우리의 빛나는 소망과 욕구가 말살될 때, 그 일어나는 일이 우리의 뜻이 아니라 그분의 뜻임이 우리에게 분명하여 그 뜻을 기뻐할 수 있을 때, 바로 그 때 우리는 그리스도를 얻는다. 아, 그것은 얼마나 복된 일인지!

memo

격려의 말씀

A WORD OF CHEER

내가 네 앞서 가서 험한 곳을 평탄케 하리라.

(이사야서 45:2)

I will go before thee, and make the crooked places straight.

(Isaiah 45:2)

이 메시지는 우리 주께서 친히 하신 격려의 말씀이다. '내가 네 앞서 가서 험한 곳을 평탄케 하리라.' 이 말씀은 이제껏 내 영혼에 잔치였고 내 머리를 기대는 베게가 되어 주었다. 지난 몇 달 간 도저히 넘을 수 없을 것 같은 어려움이 번갈아 찾아왔을 때 그러했던 것처럼, 지금도 똑 같이 신선하고 훌륭하게 적용되는 말씀이다.

사탄은 우리에게 오늘의 은혜로 내일의 짐까지 지게 하려고 시도한다. 멀리서 어렴풋이 보이는 난관을 가지고 미리 절

망하게 하고 '내일 일을 염려하지 말라' '아무 것도 염려하지 말라'는 지시를 불순종하게 만든다. 그러나 '내가 네 앞서 가리라.' 너에게 인도자가 되어 줄 것이다. '나를 따르는 자는 어두움에 다니지 않으리라.'는 말씀을 확신하며 그 위에서 안식할 수 있으니 얼마나 큰 특권인가! '험한 곳을 평탄케 하고' 울퉁불퉁하던 장소를 평평하게 해 준다. 그래서 결국 실제로 그 문제에 닥쳤을 때는 난공불락의 어려움이 이미 해결되어 있음을 발견한다. 여호사밧의 대적들처럼 서로 죽여 당신은 그 전리품을 취하고 그 골짜기는 전쟁이 아닌 찬양 -바락-의 장소가 되는 것이다.

중국에서 이런 일이 자주 있었다. 틀림없이 본국에서도 같은 간증이 많을 것이다. 스스로 해결할 수 없었던 가정의 문제, 직업이나 사업상의 복잡한 문제, 영적 난관, 또는 주님을 섬기는 일과 관련된 문제들로 인해서 마음의 평화가 깨지고 잔뜩 낙심이 될 때, 모두 주님께 맡기고 그분께서 정리하고 다스리시도록 하며, '모든 일에 기도와 간구로 너희 구할 것을 하나님께 아뢰라.'는 명령에 순종한다. 그러면 약속하신 하나님의 평화가 외부의 모든 염려와 걱정으로부터 마음을 지킨다. 그리하여 결국 환난의 쏘는 힘이 없어지고 험한 길이 평탄케 되는 것이다. 되돌아보면 닥쳐서 처리해 내지 못할 염려는 거의 없었다.

하나님의 배지

GOD'S BADGE

이스라엘 자손에게 명령하여

대대로 그들의 옷단 귀에 술을 만들고

청색 끈을 그 귀의 술에 더하라.

이 술은 너희가 보고

여호와의 모든 계명을 기억하여 준행하게 하기 위함이라.

(민수기 15:38,39)

Bid them that they make them fringes in the borders of their garments

and that they put upon the fringe of the borders a ribband of blue:

that ye may look upon it,

and remember all the commandments of the LORD.

(Numbers 15:38,39)

이 '청색끈'에 관한 규례로 중요한 장章을 마감한다. 번제에 관한 명령을 시작으로, 첫 열매에 관하여, 그 다음으로 부주의하거나 모르고 범한 잘못에 관하여 어떻게 할 것을 지시하는 말씀이 나온다. 그리고 주제넘은 죄를 심판하는 경우와

관련하여 청색 끈을 매라고 소개한다.

하나님은 당신의 백성에게 모두 배지를 달게 하고 싶으셨다. 백성들은 옷 가장자리에 술을 만들고 청색 끈을 그 술에 더해야 했다. 그것을 보고 여호와의 모든 계명을 기억하고 준행하여 거룩한 백성이 되도록 하기 위함이었다. 청색은 하늘의 색이다. 그 사이에 구름이 끼었을 때 청색이 사라진다. 하나님과 그 백성 사이에 결코 구름이 없어야 한다. 그것이 하나님의 뜻이다.

옛날 이스라엘 백성이 어디를 가든지 청색 끈을 달고 다녔던 것처럼 오늘날 하나님의 백성들도 어디를 가든지 하늘의 정신과 기질을 나타내 보여야 한다. 그래서 모세처럼 그들이 사랑하고 섬기는 하나님의 영광과 아름다우심을 그 얼굴로 증거해야 한다.

논밭으로 가는 농부, 사업장의 상인, 집 안 깊숙이서 일하는 하녀가 날마다 일을 하는 그 자리에서 매었던 청색 끈을 보면서 얼마나 흥미로웠겠는가? 오늘날 그리스도의 증인이 되라고 부르심을 받은 성도들에게도 성령의 특징이 나타나 보이는 것이 그 만큼 중요하지 않겠는가?

우리가 모두 '사랑하는 자녀로서 하나님을 닮은 자'가 되어 '그리스도께서 우리를 사랑하사 우리를 위하여 자신을 주신 것과 같이' 사랑으로 행해야 하지 않겠는가? 그래서 특별

한 경우만이 아니라 삶의 가장 작은 부분에서까지 하나님을
닮은 성품을 지니고 있어야 하지 않겠는가?

memo

그의 온전하심 같이
ACCORDING TO HIS PERFECTION

그러므로 하늘에 계신 너희 아버지의 온전하심과 같이

너희도 온전하라.

(마태복음 5:48)

Be ye therefore perfect,

even as your Father which is in heaven is perfect.

(Matthew 5:48)

우리는 세상의 빛과 소금이 되어야 한다. 어떻게? 아주 작은 계명이라도 어기지 않고, 화를 내지 않고, 불순한 생각을 용납하지 않고, 성급하게 약속을 하지 않고, 예나 아니오 이상의 말을 하지 않아야 한다. 보복하려는 마음을 품지 말아야 하고 하나님의 자녀로서 유순하게 순종한다. 그리고 우리를 미워하거나 멸시하며 이용하는 사람들을 위하여 기도하며 불쌍히 여긴다.

그리스도인은 심각한 시험이나 박해는 물론 일상에서 만

나는 작은 일에까지 하늘에 계신 아버지의 모습을 드러내야 한다. 하나님의 온전하심은 절대적으로 완전한 것이지만 우리는 아무리 잘해도 상대적일 수밖에 없다. 바늘은 바느질을 할 때라야 완전한 바늘이 되는 것이다. 현미경 아래에 놓고 확대해서 보면 그저 구멍 뚫린 꼬챙이일 뿐이다. 마찬가지로 우리에게 완전한 천사가 되라는 것도 아니고 무슨 신이 되라는 것도 아니다. 다만 우리에게 부과된 특권으로서의 의무를 이행하여 완전한 그리스도인이 되라는 것이다. 우리를 그렇게 부르신 것이다.

완전하신 우리 아버지께서는 자연 속의 미물도 아주 완전하게 만드신다. 조그만 파리, 보이지도 않을 것 같은 작은 미생물, 얇은 나비 날개 등 모두 절대적으로 완전하다. 하나님의 창조물이 그 크기에 관계없이 완전한 것과 마찬가지로 그리스도인도 매일 일상 속에서 하는 일이 소소한 것일지라도 완전해야 하지 않겠는가? 편지 한 통을 쓸 때라도 거듭난 사람으로서 더 명료하고 읽기 쉽게 써야하지 않겠는가? 봉사할 때도 사람들에게 보이는 일에만이 아니라 그 이상으로 완벽하게 해야 할 것이다. 우리 아버지께서 아무도 보지 않는 사막에 꽃이 만발하게 하시는 것처럼, 우리도 아무도 보지 않아도 그분의 시선을 의식하며 모든 일을 해야 할 것이다.

하나님의 능력
DIVINE STRENGTH

15일

내 은혜가 네게 족하다.

(고후 12:9)

My grace is sufficient for thee.

(2 Corinthians 12:9)

되돌아보면 우리가 주님을 가치 있게 섬길 수 있는 충분한 힘이 없을 것 같아서 그리스도를 공중 앞에서 증거하기를 두려워하던 때가 있었다. 우리 힘으로 자신을 구원하지 않았고 스스로를 지킬 수 없었을 때 주님이 우리를 지켜주셨다는 사실을 잊었던 것이다. 주의 백성 중에 외국으로 선교하러 나가려고 하지 않는 것이 자기에게 그럴 만한 은혜가 없기 때문이라고 생각하는 사람이 많지 않은가? 그런 사람들에게 그리스도께서 당신의 종인 바울에게 하셨던 말씀을 전하고 싶다.

'내 은혜가 네게 족하다.'

　바울 사도보다 더 시련이 많고 어려운 길을 갔던 하나님의 종은 드물었다. 그의 한 가지 소원은 '어찌하든지 죽은 자 가운데서 부활을 얻기 위하여' '그리스도와 그 부활의 능력을 아는 것'이었다. 그것은 모든 사람에게 있을 부활이나 처음 부활에 참여한다는 의미로 한 말이 아니었다. 추측컨대 그는 부활의 생명과 능력을 현재 받아서 세상에서 사는 동안에도 실제적으로 죽었다가 다시 산 사람처럼 살아야겠다고 생각했다. 즉, 죽음의 영향력을 초월해서 산다는 것인데 그러한 삶에는 고난을 통해서 완전해지는 부분도 포함된다고 보았다.

　그에게 주 예수님은 단순히 추상에 불과한 개념이 아니었다. 바울은 특별히 어려운 일을 만날 때마다 주 예수님의 특별한 계시를 보았다. 그리고 말로 표현할 수 없는 음성을 듣는 경험도 하면서, 더욱 열심히 일했고 감옥에도 갇혔으며 죽을 고비도 넘겼다. 그 모든 경험 가운데 하나님이 능력으로 그를 지켜주셨다. 은혜로우신 주님이 사탄의 사자가 그를 치는 것을 내버려두신 것은 징벌하여 쓰러뜨리려는 것이 아니라 그 위험에서 구해주시기 위함이었다. 바울이 세 번씩이나 그 고통에서 벗어나게 해달라고 간청했지만 주님께서는 친히 그의 기도에 이렇게 응답해 주셨다. '내 은혜가 네게 족하다. 내 능력이 약한 데서 온전해지기 때문이다.' 그래서 그는 깨달았다 - 자기가 처한 바로 그 자리에서 다른 사람에게 복 주는 사람이 될 수 있다는 사실을. 하나님은 그가 드린 기도 를 거절하신 것이 아니고 응답하지 않으신 것도 아니었다. 다 만 그가 요청했던 방식으로 주시지 않았을 뿐이었다.

memo

하나님의 더 나은 응답

GOD'S BETTER ANSWER

내 은혜가 네게 족하다.

(고후 12;9)

My grace is sufficient for thee.

(2 Corinthians 12:9)

흔히 '하나님은 언제나 기도에 응답하시는가?'라는 질문을 한다. 주님이나 사도 바울의 경우를 보면 그 질문에 대해서 많은 부분 깨우칠 수 있다. 물론 하나님께서는 잘못 구하는 기도, 명백히 계시된 하나님의 뜻과 반대되는 기도, 믿음 없는 기도는 응답하시지 않는다. 그런데 바른 마음으로 합당하게 구했는데도 기대하던 식으로 응답이 오지 않는 기도도 많이 있다. 절실하게 필요해서 하나님께 기도드리면 그분은 그 응답으로 그것을 주실 수도 있고 그것이 필요하지 않도록 해주실 수도 있다. 저울을 사용할 때 더 무거우면 덜어내고 가벼우면 더 없는 것과 같은 이치이다. 바울은 자기가 감당할 힘이 없는 짐 때문에 낙심이 되어 그것을 없애달라고 기도했다. 하나님은 그것을 없애 주시지 않고 기쁘게 감당할 수 있는 은혜와 힘이 있다고 가르쳐주는 것으로 응답하셨다. 슬픔과 회한의 원인이 되었던 문제가 이제는 기쁨과 승리의 기회가 되었다.

확실히 이것이 더 나은 응답이 아니었는가? 만일 바울이 기도했던 대로 단지 그 가시를 제거해 주기만 하셨다면 다음에 다른 문제가 다가올 때 또 같은 식으로 괴로워하지 않았겠는가? 그렇지만 하나님의 방법은 비슷한 문제로 인해서 받을 수 있는 현재와 미래의 모든 압박에서 단번에 그리고 영원히 구해 주시는 것이었다. 그래서 바울은 승리에 찬 탄성을 내뱉는다. '그러므로 도리어 크게 기뻐함으로 나의 여러 약한 것들에 대하여 자랑하리니 이는 그리스도의 능력으로 내게 머물게 하려함이라.' 아! 사도에게 있던 육체의 가시를 공유하고 싶어할 사람은 없는가? 그렇게 하여 모든 약한 것들과 능욕과 궁핍과 핍박과 곤란에서 구해주시는 그분을 실제로 경험하지 않겠는가? 그러면 후에 자신이 약했던 바로 그 때가 참된 능력의 시간임을 알게 될 것이다. 그러면 아무도 우리 주님의 명령에 기쁘게 순종하기 위하여 한걸음 내딛는 것을 두려워하지 않을 것이다.

17일

왕에게 나온 결과
THE RESULT OF COMING TO THE KING

> 솔로몬 왕이 왕의 규례대로 스바의 여왕에게
> 물건을 준 것 외에 또 그의 소원대로 구하는 것을 주니
> (왕상 10:13)
>
> And king Solomon gave unto the queen of Sheba all her desire,
> whatsoever she asked,
> beside that which Solomon gave her of his royal bounty.
> (1Kings 10:13)

이 이야기에서 솔로몬 왕의 원형이 되시는 분께 어떻게 다가갈지 그 태도를 배우고, 그리스도는 솔로몬보다 더 위대하신 분이시니 그분으로부터 스바 여왕에게 받은 것보다 더 큰 축복을 받게 된다면 묵상한 보람이 있겠다.

여러 면에서 우리는 스바 여왕을 닮았다. 왕족이기는 해도 틀림없이 태양 빛에 그을린 흑인이었을 것이다. 여왕으로서의 자리도 쉬운 일은 아니었을 것이다. 자신의 삶이나 다른 사람에 대한 의무를 수행하는 가운데 난해한 질문들이 많

았을 것이다. 자기에게 필요한 도움을 줄 수 있을 것 같은 사람의 소문을 들었다. 그래서 찾아왔다. 그런데 빈손으로 가지 않았다. 받으려고만 하지 않고 줄 것도 가지고 온 것이었다.

목적지에 도착했고 자기 영혼이 갈구하던 대답도 들었다. 낙타의 등에서 짐을 내려놓았을 뿐 아니라 자기 마음의 짐도 가벼워졌다. 자기에게 어려웠던 질문이 그에게는 쉬운 문제였다. '솔로몬이 그 묻는 말을 다 대답하였으니 왕이 은미하여 대답지 못한 것이 없었더라.' 솔로몬이 매우 친절했기 때문에 스바 여왕은 '자기 마음에 있는 것을 다 말하였다.' 우리는 영광의 왕의 위엄과 그분을 섬기는 일의 영원한 영예를 인식하고 있는가? 그것을 깨닫는 사람들은 스바 여왕이 감탄하며 했던 표현에 공감한다. '복되도다, 당신의 이 신복들이여, 항상 당신의 지혜를 들음이로다.'

그리스도는 우리에게 현재 실제로 살아계신 분이신가? 그러면 임무의 자리가 지루하지 않을 것이고 그분을 만나고 돌아가는 길은, 조용한 집으로 가든지 먼 선교지로 가든지, 아니면 세상 친구와 보물을 빼앗길 때에라도 우리 마음은 더 없이 기쁘고 만족할 것이다. 그런데 솔로몬 왕은 스바 여왕을 보내야 했다. 함께 갈 수 없었다. 그러나 우리의 솔로몬은 우리와 함께 가신다, 아니 우리 안에 거하신다. 그분은 우리에게 약속해 주셨다. '내가 결코 너희를 떠나지 않으리라.'

18일

온전한 상

A FULL REWARD

여호와께서 네가 행한 일에 보답하시기를 원하며
이스라엘의 하나님 여호와께서 그의 날개 아래에
보호를 받으러 온 네게 온전한 상주시기를 원하노라.

(룻기 2:12)

The LORD recompense thy work,

and a full reward be given thee of the LORD God of Israel,

under whose wings thou art come to trust.

(Ruth 2:12)

여기에 성령께서 삶의 원형을 통하여 가르쳐주시는 또 하나의 재미있는 이야기가 있다. 스바 여왕이 솔로몬에게 온 사건을 통하여 난제의 해결 방법과 마음이 완전히 만족해지는 방법을 배웠다. 여기에서 우리는 온전한 상을 얻기 위해서 어떻게 섬겨야 하는지 그 상급의 특징에 대해서 더욱 높은 수준의 깨달음을 더욱 많이 더욱 얻을 수 있다.

룻은 그 태생이 '이방인'이었는데 결혼을 하여 이스라엘 백성 가운데 살게 되었다. 남편이 죽었는데도 시어머니와 그의 하나님을 붙좇았다. 하나님의 가엾은 종을 따라오는 것이 그렇게 소중한 일이었다면 '갈지어다… 보라, 내가 항상 너와 함께 하겠다.'고 권유하시는 그분께 우리는 무엇이라고 말을 하겠는가?

우리는 그 다음에 룻이 태양 아래에서 이삭을 줍는 모습을 본다. 그곳에서 룻은 처음으로 그 추수 밭의 주인을 만난다. 추숫군도 아니고 이삭 줍는 자였던 가엾은 룻! 그렇지만 매우 환영을 받았고 추수가 끝날 때까지 그곳에 있어도 좋다는 격려의 말을 들었다. 이삭 줍던 룻은 감사하며 감동적인 단순함과 겸손함으로 이렇게 대답한다. '당신이 어찌하여 내게 은혜를 베푸시며 나를 돌아보시나이까?'

우리의 시선을 보아스에게서 참된 추수의 주인이신 주님께로 돌려보자. 한 여름의 뙤약볕 아래에서 수고하는 곳에서 주께서 우리를 만나주시는가? 우리가 한 일을 모두 완전히 아셨을 때 그것이 그분의 기쁨이 되는가? 우리 모두 세상에서의 고국을 떠나자. 아니 최소한 세상에서 이방인과 나그네로 살자. 주님의 명령에 기쁘게 순종하여 우리를 가장 필요로 하는 곳으로 가자. 추수 밭에서 추수하는 일군들 사이에서 우리는 그분을 발견할 것이다. 중국에서 수고하는 일군들은 참 행복한 사람들이다. 어두울 때도 있지만 그 그늘은 그분 날개의 그림자이다. 추수가 지속되는 동안 낮은 곳에서 외롭게 이삭을 줍던 사람을 위로하고 축복하던 그 사람은 추수가 끝났을 때 그녀의 남편이 되었다. 주님은 룻이 한 일에 대해서 그렇게 보상해 주셨다.

memo

복된 형통 1

BLESSED PROSPERITY 1

복 있는 사람은 악인의 꾀를 따르지 아니하며

(시편 1:1)

Blessed is the man that walketh not in the counsel of the ungodly.

(Psalm 1:1)

복되지 않은 형통함이 있다. 그것은 하늘에서가 아니라 땅에서 온 것이다. 악한 자의 형통함은 자주 하나님의 종들을 당혹스럽게 한다. 시편 기자 외에도 사람들에게는 '과연 하나님이 알고 계실까?' 라는 질문을 하고 싶은 유혹이 있었다. 사탄이 이 세상의 신으로 남아 있는 한 성소에 들어가지 않아서 악인의 최후가 어떨지를 모르는 사람에게는 이러한 난감함이 계속 있을 것이다.

그러나 감사하게도 하나님으로부터 오는 참된 형통함과

그것으로 인해서 하나님께 가까이 가게 되는 것이 있다. 그것은 마음과 삶을 온전히 성실하게 하고 타협하지 않는 거룩함을 유지할 때 오는 것이다. 그러한 요소가 없으면 얻지 못하는 것이다. 하나님께서는 세상의 일이나 영적인 일을 막론하고 믿는 자가 맡아서 하고 있는 모든 일에 이렇게 참된 형통함을 주기 원하신다. 하나님의 자녀가 하는 '모든 행사가 다 형통'한 것이 하나님의 뜻이다. 우리 각자 자문해 보지 않겠는가? 나는 어떠한가? 이 복된 형통함을 경험하고 있는가? 그렇지 않다면 그 이유는 무엇인가?

그 첫 번째 특징은 복 있는 사람은 악인의 꾀를 좇지 않는다는 것이다. 악한 모의를 하지 않는다고 하지 않았다. 하나님의 사람이라면 그렇게 하지 않을 것이다. '악인의 꾀를 좇지 않는다'고 했다. 악한 사람들은 세상적인 지혜가 탁월한 경우가 많지만 하나님의 자녀는 그들의 꾀에 대해서 경계를 하고 있어야 한다는 것이다. 그러한 꾀를 전부 합친 것보다 하나님의 말씀이 그를 더 현명하게 만들 것이다. 그리고 현명한 하나님의 자녀라면 함께 믿는 성도들의 기준을 주의해서 알아낼 것이다. 왜냐하면 베드로의 경우에서처럼 사탄이 하나님의 사람들을 조종할 때가 많기 때문이다. 베드로가 주님께 간했을 때 그 간청의 출처가 어딘지 몰랐기 때문에 놀랐다. 주께서 '사탄아, 내 뒤로 물러가라.'고 하신 말씀을 보아서 주께서는 이 발언의 근원이 어디인지를 아셨던 것이다. 만일 관심의 대상이 자신이나 가족, 또는 나라나 심지어 교회나 선교 단체가 주님보다 먼저라면 그러한 권고의 근원이 어디인지 확실히 알 수 있을 것이다.

memo

복된 형통 2

BLESSED PROSPERITY 2

복 있는 사람은 악인들의 꾀를 따르지 아니하며

죄인들의 길에 서지 아니하며

오만한 자들의 자리에 앉지 아니하고.

(시편 1:1)

Blessed is the man that walketh not in the counsel of the ungodly,

nor standeth in the way of sinners,

nor sitteth in the seat of the scornful.

Psalm 1:1

신자의 길이 죄인에게 맞지 않는 것처럼 죄인의 길도 참된 신자에게 어울리지 않는다. 주님의 증인으로서 잃은 자를 구원하려는 희망을 가지고 그들에게 다가가기는 하지만 롯과 같이 장막을 소돔에 치지는 않는다. 얼마나 많은 부모들이 타오르는 불 근처에서 파닥거리는 나방처럼 자녀들이 그 불에 타버리는 것을 목도했는지.. 부모 자신도 안전한 곳으로 피하지 못했다. 얼마나 많은 교회와 선교 기관들이 세상적인 유인과 오락거리를 매체로 하여 전도를 한다고 하다가 하나님의 축복을 놓쳤는가? 영적인 힘을 잃고 그 대상에게 아무런 유익을 주지 못하였다. 죽은 자를 소생시키기는커녕 그들 자신이 무감각과 죽음의 상태에 빠져버렸다. '내가 들리우면 모든 사람을 내게로 이끌 것이다'고 하시며 그리스도께서 친히 자신을 주셨던 그것만이 유일한 기회이고 필요이지 다른 것으로 관심을 끌려고 할 필요가 없다. 우리 주님께서는 언제나 '죄인에게서 떠나 계신다.' 성령께서도 명백하게 말씀하셨다. "어찌 의가 불의와 합하겠으며 빛이 어두움과 사귀겠느냐?"

　'오만한 자들의 자리에 앉지 않는다.' 오만한 자의 자리는 현 세대에 특히 위험한 것이다. 교만, 주제넘음, 그리고 냉소는 매우 밀접하게 연관되어 있고, 정말로 예수 그리스도가 가지신 마음의 상태에서 멀리 떨어져 있는 것이다. 이러한 정신은 오늘날 불손한 비판의 형태로 나타날 때가 많다. 가장 자격이 없는 사람들이, 질문을 하고 배우는 자리가 아니라 비판의 자리에 앉아 있는 것이다. 옛날 베뢰아 사람들은 사도 바울의 가르침이 자기들에게 생소한 것이었지만 멸시하며 물리치지 않고 이것이 그러한가 하면서 날마다 성경을 상고했다. 정말이지 지금은 성경에 의문을 제기하고 현대 사상의 사도라고 하는 사람들이 기독교 신앙의 가장 기초를 저버리는 시대가 되어 버렸다.

복된 형통 3

BLESSED PROSPERITY 3

여호와의 율법을 즐거워하며

그 율법을 주야로 묵상하는 자로다.

시편 1:2

His delight is in the law of the Lord;

and in His law doth he meditate day and night.

Psalm 1;2

이제껏 우리는 진정으로 복된 사람이 피할 것들을 적어 보았다. 이제부터는 하나님의 사람이 지니고 있음으로 해서 보호해 주는 방패가 되고 힘의 근원이 되는 특성을 한번 확대해서 생각해 보아야겠다.

거듭나지 않은 사람은 주의 법을 즐거워하지 못한다. 성경이 이 세상에서 가장 훌륭한 책이기 때문에 성경을 숭배할 수도 있고 그것을 크게 칭송할 수는 있다. 그러나 개종하게 되면 성경이 전혀 새로운 책으로 다가온다.

사람이 무엇을 기뻐하는지 알기는 어렵지 않다. 그 마음에 가득 차 있는 것이 그 입에서 나오기 때문이다. 어머니는 아기에 대해서, 정치가는 정치에 대해서 과학자는 자기가 좋아하는 과학에 대해서 말하기를 좋아하고 운동선수는 스포츠에 대해서 말하는 것을 즐거워한다. 같은 이치로 참 신앙으로 행복한 기독교인이라면 하나님의 말씀을 즐거워하는 것이 드러난다. 자연스럽게 저절로 그런 말을 자주 할 것이다.

　우리가 전체적인 하나님의 말씀을 의미한다고 이해하고 있는 '여호와의 율법'이라는 말은 매우 시사적이다. 하나님은 성경을 통해서 우리가 해야 할 일을 가르치려고 하셨다. 우리는 하나님으로부터 받아 낼 수 있는 것이나 하나님이 하신 약속만을 구하는 것에 그쳐서는 안 된다. 에스라는 자기 마음을 준비하여 여호와의 율법을 행하고 이스라엘에게 그 법령과 규례를 가르칠 수 있기 위하여 율법을 찾는다고 했다. 그 결과 하나님의 손이 영원히 그와 함께 하셨다.

　그런데 성경은 그에게 어떤 사람이 되며 무엇을 해야 하는지를 가르치고 예시해 주는 하나님의 율법이 될 뿐 아니라 또한 동시에 더욱 하나님 자신이 어떤 분이시고 무엇을 하시는지를 계시하는 역할도 할 것이다. 하나님의 사람은 성경 말씀에서 위대한 일을 행하시는 분이심을 발견하고 기뻐하며 그분과 함께 동역하는 특권을 즐거워 할 것이다. 자기 자신이나 수 천 명의 동역자가 죽을지도 모르지만, 그러한 생각 때문에 자신이 하는 노력을 그만두지 않을 것이다. 왜냐하면 하나님 안에서 행한 것은 영원히 남을 것이고, 그 안에서 불완전한 것은 위대한 일을 행하시는 그분이 완전하게 만들어 주실 것이기 때문이다.

memo

복된 형통 4

BLESSED PROSPERITY 4

그는 시냇가에 심은 나무가 철을 따라 열매를 맺으며

그 잎사귀가 마르지 아니함 같으니

그가 하는 모든 일이 다 형통하리로다.

(시편 1:3)

He shall be like a tree planted by the rivers of water,

that bringeth forth his fruit in his season;

his leaf also shall not wither;

and whatsoever he doeth shall prosper.

(Psalm 1:3)

이것은 성경 안에 있는 약속의 말씀 중에서도 현저히 주목할 만한 약속이다. 만일 우리가 세상 사람들에게, 하는 일마다 성공이 보장되는 세상적 계획을 가르쳐 준다면 얼마나 열심히 그 일을 하겠는가? 그런데 하나님께서 당신의 백성에게 그렇게도 효과적인 계획을 가르쳐 주시는데도 그것을 자기 것으로 삼고 따르는 사람은 왜 그렇게 적은가! 어떤 사람은 완전히 세상과 결별하지 못하여 넘어지고, 또 다른 사람은 마땅히 시간을 내어 하나님의 말씀을 묵상해야 함에도 불구하고 다른 일에 바빠서 넘어진다. 아침에 경건의 시간을 내기가 쉽지 않은 사람이 있다. 그러나 다른 것으로는 그 어떤 것으로도 그 시간을 대치할 수 없는 것이다.

이제 그 복이 어떤 것인지 생각해 보자.

1. 견실함

그는 나무와 같아서 (일 년 생 식물이 아니라) 계속해서 자라고 많은 열매를 맺을 것이다.

2. 독자적인 공급

시냇가에 심겨져 있다. 비가 오지 않고 이슬이 맺히지 않아도 깊이 흐르는 원천은 마르지 않는다.

3. 계절을 따라 맺히는 열매

아주 아름다운 모습이다. 통로를 통하여 흐르는 물의 이미지가 아니라 그리스도와 연합하여 변화된 우리의 삶의 결과로 맺어지는 열매이다. 하나님은 은혜로우시게도 그저 기계적으로 우리를 통해서 일하시는 것이 아니라 우리가 참 포도나무의 가지가 되어 그 열매를 맺도록 해주신다.

일과 열매 사이에는 근본적인 차이가 있다. 일이 노력의 결과라면 열매는 삶의 결과이다. 나쁜 사람도 좋은 일을 할 수 있다. 그러나 나쁜 나무는 좋은 열매를 맺지 못한다. 일은 재생산하지 못하지만 열매는 그 자체 안에 필요한 생명력을 지니고 있다. 흥미롭게도 성경은 성령의 열매를 복수로 말하고 있지 않다. 각 열매의 이름을 집어낼 수는 있지만 열매는 단수로서 사랑, 기쁨, 평화, 인내 등등으로 구성된 값진 덩어리인 것이다. 시절을 따라 그러한 열매를 낸다니 얼마나 복된 일인가!

memo

복된 형통 5

BLESSED PROSPERITY 5

그 잎사귀가 마르지 아니함 같으니

그가 하는 모든 일이 다 형통하리로다.

(시편1:3)

His leaf also shall not wither;

and whatsoever he doeth shall prosper.

(Psalm1;3)

조건이 충족되기만 하면 믿음으로 주장할 수 있는 축복이 무엇인지에 대해서 계속 더 살펴보자. 그 행복은 다양한 면에서 누릴 수 있는 것이다. **늘 싱싱하다.** '그 잎이 마르지 않을 것이다.' 우리 기후에서는 대부분 나무들이 겨울에 생명은 유지하지만 잎은 떨어진다. 그런데 상록수는 겨울에도 살아있을 뿐 아니라 잎도 붙어 있다. 그 잎이 더 또렷이 보이는 것은 주위의 다른 가지가 전부 벌거벗고 있기 때문이다. 그 안에 있는 생명력이 너무 강해서 낮이 짧아지는 것이나 차디찬 눈이 내리는 것이나 그 아무 것도 두렵지 않다. 하나님과 교제하는 것을 생명으로 삼고 사는 하나님의 사람도 바로 그렇다. 역경이 닥치면 오히려 내부에 있는 생명력을 더 이끌어낸다.

나뭇잎은 그저 장식물이 아니다. 뿌리가 받아들이는 힘이라면 나뭇잎은 거저 주거나 정화하는 은혜를 생각하게 한다. 뿌리에서 가늘게 오는 수액만으로는 나무가 되지 못한다. 나무는 나뭇잎을 통하여 주위로부터 탄소를 흡수한다. 뿌리가 나뭇잎에 영양을 공급하듯이 가느다란 뿌리도 나뭇잎이 만들어주는 영양분에 의해서 유지된다. 나무에서 나뭇잎을 없애면 죽어버릴 것이다. 그 잎이 마르지 않을 것이다.

한결 같은 형통이 있다. '그가 하는 모든 일이 다 형통할 것이다.' 이 이상 더 좋은 약속을 할 수 있겠는가? 자기가 하는 모든 일에서 하나님의 손길을 보는 것은 하나님의 자녀의 특권이다. 자기가 하고 있고 해야 하는 모든 일을 통하여 하나님을 섬기는 일도 자녀의 특권이다. 하나님의 종으로서 하고 있는 일이라면 무엇이든지 필요한 것을 하나님께서 모자람 없이 넉넉하게 주실 것이라고 믿을 수 있다.

그런데 이 형통함은 믿음의 눈이 아니고는 언제나 또렷이 보이지 않을 것이다. 영광의 주께서 저주의 나무에 못 박히셨을 때, 틀림없이 지옥의 군대는 기뻐했을 것이다. 그렇지만 바로 그 순간, 주께서 우리를 대속하기 위해서 제물로 자신을 드렸던 바로 그때 이상으로 우리의 복되신 주께서 더 형통한 적은 없었다. 진정한 형통함은 보통 가장 깊은 고난의 길에 놓여 있다. 그러니 그리스도를 따르는 자들은 바로 그 길을 족한 줄로 알고 걸어야 할 것이다.

memo

복된 역경 1

BLESSED ADVERSITY 1

주신 이도 여호와시요 거두신 이도 여호와시오니

여호와의 이름이 찬송을 받으실지니이다.

(욥기 1:21)

The Lord gave, and the Lord hath taken away;

blessed be the Name of the Lord.

(Job 1:21)

하나님이 다루시는 모든 일은 축복으로 가득 차 있다. 그분은 성품이 선하시기 때문에 오직, 또 계속해서 선한 일만을 행하신다. 주님을 자기 목자로 받아들인 신자는 확신을 가지고 '주의 선하심과 인자하심이 정녕 나를 따르리니.'라는 시편 기자와 같은 고백을 할 수 있다. 그렇기 때문에 형통할 때와 마찬가지로 역경의 때에도 축복으로 가득 차 있는 것이라고 확신할 수 있다. 신자는 하나님께서 역경으로 다루실 때 그 이유를 알기 전에도 만족할 수 있다. 왜냐하면 하나님을 사랑하는 자에게 모든 것이 합하여 선을 이루는 것을 잘 알고 있기 때문이다.

욥의 일대기는 매우 흥미 있고 우리에게 유익한 교훈으로 가득 차 있다. 보이지 않는 세계의 장막이 걷히니 우리의 대적인 사탄의 힘이 대단한 것이 보인다. 그러나 또 한편으로 하나님 우리 아버지의 허락이 없으면 사탄이 얼마나 무력한지도 알게 된다.

사탄은 신자가 슬픔이나 시험을 당할 때 하나님이 자기에 대해서 화를 내고 계신 것으로 생각하도록 유도하여 괴롭힌다. 아니다! 우리 하나님 아버지는 자녀가 시험을 당할 때 오히려 믿음으로 그분께 나아가는 것을 기뻐하신다. 아브라함을 예로 들어보자. 하나님은 당신의 종을 완전히 믿었기 때문에 주저 없이 그를 불러서 사랑하는 아들을 바치라고까지 하였다. 욥의 경우는 사탄이 욥에 대해서 하나님께 도전한 것이 아니라 하나님께서 먼저 그 교활한 대적에게 욥에게서 흠을 찾아볼 수 있느냐고 도전하셨다. 어느 경우든 은혜가 승리하였고 그 인내와 충성심에 보상이 있었다.

사탄의 대답은 주목할 만하다. 그는 하나님의 종을 유의해서 보았고 틀림없이 욥에 대해서 잘 알고 있었다. 악한 대적이 하나님이 사랑하시는 종을 괴롭히고 방황하게 하려고 갖은 방법으로 애를 썼지만 아무런 효과가 없었다. 그래서 사탄이 보니 주께서 욥의 집과 그의 모든 소유물을 울타리로 두르고 계신 것이었다. 그렇게 보호를 받으며 살고 있다니 얼마나 복된 일인가!

오늘날에는 그와 유사한 영적인 축복이 없는가? 감사하게도 오늘날에도 그러한 축복이 있다. 모든 신자는 욥과 마찬가지로 안전하게 보호 받고 있고 그와 같은 풍성한 축복을 받고 있다.

memo

복된 역경 2

BLESSED ADVERSITY 2

주신 이도 여호와시요 거두신 이도 여호와시오니

여호와의 이름이 찬송을 받으실지니이다.

(욥기 1:21)

The Lord gave, and the Lord hath taken away;

blessed be the Name of the Lord.

(Job 1:21)

참소자는 욥의 품성이나 삶에서 아무런 흠을 찾지 못하자 그것이 모두 이기심에서 나온 것이라고 넌지시 말한다. '욥이 아무런 이유 없이 하나님을 경외하겠습니까?' 사실 욥에게 이유가 있었다. 사탄도 그 사실을 잘 알고 있었다. 그 누구나, 그 이전에도 그 이후로부터 지금까지도 죽 그러지 않은 사람은 없었다. 하늘에 계신 우리의 주인을 섬기는 일보다 더 크게 보상 받는 일은 없다. 그렇게 훌륭하게 보상을 해 주는 분을 다른 곳에서는 찾아볼 수 없다. 사탄은 맞는 말을 하고 있었다. 그렇지만 그 교묘한 암시 - 욥이 하나님을 섬기는 것이 보수를 받기 위해서 라는 -는 사실이 아니었다. 그래서 욥의 순수한 동기를 증명하기 위해서 사탄은 욥을 시험해 봐도 좋다는 허락을 받았다.

그러자 사탄은 곧 그 악한 성격대로 그 경건한 사람에게 연거푸 재앙을 내린다. 그러나 시험을 허락하신 하나님은 또한 필요한 은혜도 주셨다. 욥은 이렇게 대답한다. '주신 이도 여호와시오 거두신 이도 여호와시오니 여호와의 이름이 찬송을 받으실지니이다.'

욥이 잘못 말한 것이 아닌가? 주님이 주셨고 사탄이 가져 갔다고 해야 하지 않는가? 아니, 그것은 잘못 한 말이 아니었다. 그는 이 모든 재앙 가운데에서 하나님의 손을 식별할 수 있었다. 사탄은 감히 자기가 욥을 괴롭히겠다는 요구를 하나님께 하지 못했다. 대신에 이렇게 말했다. '당신의 손을 펴서 그가 가진 것을 치십시오. 그러면 주의 면전에서 욕을 할 것입니다.' 그리고는 다시 또 '당신의 손을 펴서 그의 살과 뼈를 치십시오. 그러면 틀림없이 주를 저주할 것입니다.' 사탄은 욥에게 손댈 분은 하나님 외에는 없다는 것을 알았다. 그리고 욥도 주님이 하신 일이라고 제대로 깨닫고 있었다. 사탄은 종에 불과하지 주인이 아니며, 사탄이나 그의 충동으로 악하게 대하는 사람도 하나님이 허락하는 한도 내에서 그렇게 하는 것임을 명심하는 것이 도움이 될 때가 많다. 하나님의 계획된 모략 속에서 그분이 미리 아시는 가운데 그러한 일이 일어난 것이다. 우리는 기쁜 일이건 슬픈 일이건 언제나 모두 하나님의 손이 관여하신 일로 받아들이면 되는 것이다.

memo

복된 역경 3

BLESSED ADVERSITY 3

주신 이도 여호와시요 거두신 이도 여호와시오니

여호와의 이름이 찬송을 받으실지니이다.

(욥기 1:21)

The Lord gave, and the Lord hath taken away;

blessed be the Name of the Lord.

(Job 1:21)

욥의 친척들도 그를 버리고 가까운 친구도 그를 잊은 것 같았다. 자기 집에 사는 사람들도 그를 이방인 취급을 하고 종들은 불러도 대답을 하지 않았다. 그 중에서도 제일 나빴던 일은 자기 아내가 그에게서 등을 돌린 것이었다. 주위 사람들은 틀림없이 그가 하나님의 원수가 되었다고 생각했을 것이다.

그런데 그렇지 않았다. 하나님은 온화하신 아버지의 사랑으로 내내 지켜보고 계셨다. 길고 길었던 시험은 그래도 잠시

였고 그 후에는 영원한 구원의 노래를 부를 수 있었다.

하나님이 당신의 종에게 주셨던 축복은 작은 것이 아니었다. 이 환난의 기간 동안 욥은 형통할 때에는 평생 배울 수 없었던 교훈을 배웠다. 조급해서 범했던 실수를 고칠 수 있었고 하나님에 대한 지식을 더 깊이 가질 수 있었다. 자기가 이전에는 하나님에 대해서 귀로만 듣고 남이 해주는 말만 듣고 알고 있었는데 이제는 자기 눈으로 직접 보았기 때문에 그분을 더 잘 알게 되었다고 고백한다. 그리고 그 일 후에 욥은 140세까지 살았고 자녀와 그 후손을 4대까지 볼 수 있었다.

그렇게 욥의 형통함이 복된 것처럼 그의 역경도 복된 것이 아니었는가? '저녁에는 울음이 깃들지라도 아침에는 기쁨이 오리로다.'는 말씀대로 그 눈물의 밤에 즐거웠던 날보다 더 풍성하고 영원한 열매를 맺은 것이다. 어두움에서 빛이 나오는 것이 하나님의 질서이다.

오늘날 물질주의가 깊이 박혀 있어 보이지 않는 세계의 작용에 대해서 잊을 위험이 있다. 보이지 않지만 대적의 힘을 과소평가하지 말자. 보이지 않는 대적에 비해 보이는 대적을 다루기는 비교적 쉬운 일이다. 우리는 하나님의 전신갑주를 입어야 하고 사탄의 궤계에 대해서도 무지하면 안 된다. 하나님 한 분만이 전능하시다는 진리를 소중하게 간직하자. '만일 하나님이 우리와 함께 하시면 누가 우리를 대적하겠는가?'

목자의 돌보심 아래에서

UNDER THE SHEPHERD'S CARE

너희가 전에는 양과 같이 길을 잃었더니

이제는 너희 영혼의 목자와 감독 되신 이에게 돌아왔느니라.

(베드로 전서 2:25)

For ye were as sheep going astray; but are now returned

unto the Shepherd and Bishop of your souls.

(1Peter 2:25)

이것은 틀림없이 신자에게 하신 말씀이다. 우리는 맹목적이고 고집스럽게 지각없는 지도자를 따라가던 양이었다. 각자 제 갈 길로 갔던 것이다. 그런데 이제 우리 영혼의 목자와 감독되신 이에게 돌아왔다. 이제 우리에게 지도자이시고 머리 되신 주인이 계신 것이다. 이 사실을 깨닫는 것이 얼마나 복된 일인지... 하나님은 우리가 누군가의 뒤를 따라가도록 만드셨다. 우리는 언제나 누군가를 따라가는데 슬프게도 이제까지는 바른 주인을 따라가지 않았다. 이제 우리가 상황이 좋아져야 한다거나 우리 자신의 지혜로 살도록 버려지지 않았다니 얼마나 안심이 되는지… 우리는 결코 미래를 골라 가질 수 없고 결코 온전히 현재를 떠맡을 수 없는 인생들이다.

주님과 같은 목자요 감독이자 관리자가 우리에게 계시다는 것이 얼마나 복된 일인지! 에딘버러에서 젊은이들의 성찬식에 간 적이 있었는데 그때 챠터리스 교수가 한 말이 자주 생각난다. 그의 말에 의하면 주 예수님께서는 요람에서 십자가까지 부단히 흔들리지 않는 삶을 사셨다. 십자가 쪽의 방향만을 향하여 전개된 인생이었다. 진정한 그리스도인의 삶은 언제나 생명이 끝나는 곳, 바로 십자가에서부터 시작된다. 그리고 신자의 삶에 있어서 바른 발전 방향은 요람으로 향하는 것이다. 무한히 지혜로우시고 사랑 많으신 그분의 전능하신 손 아래에서 아기처럼 쉴 수 있을 때까지 가는 것이다. 우리는 어디로 가야할 지 모르지만 그것을 알고 계시는 안내자가 있다는 사실 안에서 더욱 쉼을 누릴 수 있으면 우리 삶에 그만큼 더 큰 안식이 있게 될 것이다. 장래에 어떤 부담이나 환난, 난처한 일이 있을지 모르지만 우리는 자신이 누구의 것이고, 누구를 섬기는가를 알고 있다. 그분이 모든 것을 알고 계신다. 우리에게는 그것으로 족한 것이다.

이 소중한 사실을 우리는 모두 즐거워하고 있는가? 나는 길 잃은 양이었는데 이제 돌아왔다고 말할 수 있는가? 그렇게 고백하지 못하는 사람이 있다면 비록 보이지는 않지만 돌아오는 자를 맞아주시기 위하여 목자와 감독되신 그분이 여기에 계신다. 만일 누군가 죄의 짐에 눌려 있다면, 그분은 오셔서 용서해 주신다. 염려로 마음이 무거운 사람이 있다면, 그분께서는 오셔서 그 염려도 다 맡아 주신다. 우리가 맡겨드리면 신실하게 맡아 주신다. 우리가 모두 유순한 마음이 되어 그분이 돌보시는 양이 되기를 소원한다.

memo

그리스도 안에서 받아주심

ACCEPTANCE IN CHRIST

나실인의 법은 이러하니라.

자기의 몸을 구별한 날이 차면

그 사람을 회막 문으로 데리고 갈 것이요.

그는 여호와께 헌물을 드릴 것이니라.

(민수기 6:13,14)

And this is the law of the Nazarite,

when the days of his separation are fulfilled:

he shall be brought unto the door of the tabernacle of the congregation:

And he shall offer his offering unto the LORD,

(Numbers 6:13,14)

우리는 이제 서약을 충실히 이행한 나실인의 경우를 다룬다. 나실인은 하나님이 요구하시는 것을 전부 수행했고 양심에는 아무런 가책이 없다. 하나님과 사람 앞에서 흠이 없는 것이다. 이제 그는 스스로를 축하해도 되지 않을까? 어느 정도 잘한 것도 있고 하나님이 받으실 만한 봉사도 했으며 사람들 사이에서 계속 증인으로 살았으니? 그가 하는 맹세의 결론으로 드리는 헌물-번제, 속죄제, 화목제 -이 이 질문에 인상적인 대답을 준다. 드리는 제물을 보면 흠 없는 것과 죄가 없는 것 사이에 중대한 차이점이 드러난다. 그는 규례를 지켰기 때문에 흠이 없었다. 그러나 속죄제와 번제와 화목제가 필요한 것을 볼 때 우리의 것은 거룩한 것이라고 해도 죄가 있는 것임을 기억하게 된다. 그래서 우리의 가장 나쁜 것뿐 아니라 가장 좋은 것도 하나님이 받으실 만한 것이 되기 위해서는 오직 주 예수 그리스도의 속죄를 통해서 만이 가능한 것이다.

신자가 드리는 최선의 봉사가 자기 양심을 온전히 만족시켜 주지 못하고, 예수 그리스도를 통하지 않고는 하나님께 받아 들여지지 않는다고는 해도, 그에게 필요한 것은 그리스도 안에서 전부 채워질 수 있으며, 그분께서 참으로 자신을 받아 주셨기 때문에, 그 존재 자체가 아버지 하나님의 참 기쁨이 되어, 가장 풍성한 하나님의 축복을 받는 것이라는 사실을 아는 일은 매우 복된 것이다. 어린 아이가 부모를 기쁘게 해드리려고 노력은 하지만 매우 불완전하여 어떤 때는 아무 소용이 없는 정도가 아니라 오히려 더 나쁠 때가 있다. 그러나 부모가 자기를 기쁘게 해주려고 애쓰는 자녀의 노력을 볼 때 비록 하는 일은 시원치 않아도 마음은 기쁘지 않은가? 마찬가

지로 나실인이 되는 것, 오직 언제나 그렇게 되는 것은 우리
의 특권이다, 그리고 비록 불완전하기는 하지만 그리스도를
통하여 우리가 드리는 섬김으로 우리의 하늘 아버지께 기쁨
과 만족을 드리는 것은 우리의 특권인 것이다.

memo
_____
_____
_____
_____
_____
_____
_____
_____
_____
_____
_____
_____
_____
_____

그가 내 안에, 내가 그 안에 거하면 사람이 열매를 많이 맺나니
나를 떠나서는 너희가 아무 것도 할 수 없음이라.

(요한복음 15:5)

He that abideth in me, and I in him, the same bringeth forth much
fruit: for without me ye can do nothing.

(John 15:5)

이 말씀은 매우 친근하고 그리스도인들이 모두 좋아하는
것이기는 하지만 아직도 사람들은 그리스도 안에 거한다는
주제를 실제적으로 이해하지 못하고 있다. 우리도 이 말씀에
서 그리스도께서 주시는 의미를 파악하지 못하고 우리 자신
의 생각으로 읽었기 때문에 실망하며 슬픈 날들을 보냈다.

요한복음 15장에 나오는 '나는 ~ 이다.'라는 두 단어에 열
매를 맺는 모든 비결이 들어 있다. '나는 참 포도나무이다.' 우
리가 어떤 존재인 것이 문제가 아니라 그분이 어떤 분이신지,

우리가 무엇을 하느냐가 아니라 그분의 생명이 우리 안에서 그리고 우리를 통하여 어떤 일을 하는지가 중요하다. '나에게서 너의 열매를 발견한다.' 그분이 진짜 사역자이고 실제로는 그분이 열매를 맺는 것이다.

참 포도나무라는 말에서 '참'은 거짓의 반대말이 아니다. 견본이 아니고 진짜 나무라는 의미이다. 포도나무는 진리를 예증하기 위해 빌려 쓴 말이 아니고 주님과 열매를 맺는 가지와의 관계 -그분의 생각과 목적에 이미 있었던 관계 -를 나타내기 위해서 고안한 것이다. 이것은 중요한 진리로 포도나무에 독특한 관심을 기울이게 하며 우리 눈을 열어서 세상의 다른 것들도 볼 수 있게 해 준다. 하나님의 좋은 선물뿐 아니라 창조주 자신에 대한 복된 계시를 알 수 있게 해주는 것이다.

그리스도께서 참 포도나무라고 하실 때 포도나무의 뿌리라고 하지 않으신 것에 주목하자. 포도나무라는 나무 전체를 말씀하셨다. 우리는 가끔 이런 실수를 한다. 발육이 나쁘고 허약한 나의 가지에 어떻게 하면 뿌리에서부터 자양분을 빨아들일 수 있을까? 포도나무가 무엇인가? 그것은 뿌리, 줄기, 가지, 잎으로 이루어진 전체가 아닌가? 우리는 그리스도로부터, 또는 그리스도에게서 무언가를 얻어내려고 하지 말고 그리스도 안에서 그분의 모든 충만함을 즐겨야 한다. 주님은 우리에게 선물로 생명을 주신 것이 아니다. 그분 자신이 우리의 생명이 되셨다. '우리의 생명이신 그리스도께서 나타나실 때 그분과 함께 너희도 영광중에 나타날 것이다.' 그분으로부터가 아니라 그분 안에서 인 것이다. 언제나 그리스도를 전체적인 포도나무로 이해할 수 있도록 애를 쓰자. 그분을 떠나서는 열매를 맺을 수 없는 것이다.

memo

다스리는 분

THE REIGNING ONE

전능하신 주 하나님이 다스리신다.

(요한 계시록 19:6)

The Lord God Omnipotent reigneth.

(Revelation 19:6)

기쁜 날이 오고 있다! 수많은 무리들이 많은 물소리처럼 굉장한 천둥소리처럼 외칠 것이다. '할렐루야! 전능하신 주 하나님께서 다스리신다. 모두 함께 기뻐하며 그분께 영광을 돌리자. 어린 양의 혼인날이 다가왔고 신부가 예비되었다.' 그리고 대추수가 있을 것이다. 모든 민족과 방언과 백성에게서 나온 수많은 무리가 흰 옷을 입고 승리의 종려나무를 흔들며 큰 소리로 외칠 것이다. '구원이 보좌에 계신 우리 하나님과 어린 양께 있도다!'

'어린 양의 혼인 잔치에 부르심을 받은 자들은 복이 있도다!' 정말로 그렇다. 그리고 그들을 부르는 일에 행복한 도구였던 사람들도 기뻐하지 않겠는가? 만일 하늘나라에 슬픔이 있을 수 있다면, 우리가 주님의 명령에 더욱 충실히 순종하였다면, 세상에 살 때 그분의 일에 더욱 큰 대가를 드렸다면 부르심을 받지 못한 사람 중 몇 명은 더 그 자리에 오게 할 수 있지 않았을까 하는 생각 때문이 아닐까?

왜 더 많은 그리스도인들이 어떤 대가를 지불하고라도 죽어가는 사람들을 구원하기 위하여 기쁘게 모든 것을 버려두고 그리스도를 따르지 않는 것인가? 그것은 우리가 그분의 왕국이 장래에 올 것을 바라보면서도 그분의 것인 우리 마음을 다스리실 권리가 현재 그분께 있는 것을 잊고 있기 때문이 아닌가? 그분께 하늘과 땅의 모든 권세가 있다는 복된 사실에 무관심하기 때문이 아닌가? 그래서 사람들은 주님께 순종하기 위하여 남김 없는 헌신과 신뢰를 드리려고 하지 않는다. 결코 시도조차 하지 않고 자기가 주인인 양 마음대로 살고 자기 좋은 대로 행동한다. 시간이나, 힘, 가진 것을 그저 자신의 편의대로 자기 생각에 알맞은 만큼 만 하나님께 드린다. 그 결과 '가라' 말은 많은 사람에게 '머물라'가 되고 '너희는' 이라는 말은 '누군가' 또는 '아무든지' 아니면 '아무도'가 되어버리는지 모르겠다. 그러는 동안 부르심을 받지 못한 수

백 만 명의 영혼들은 하나님을 모르는 채 죽어가고 있다. 모든 사람에게 복음을 전하라는 하나님의 명령을 소홀히 하고 있다. 그러면 누군가가 그 피 값을 치를 것이다. 내가 그 누군가가 아닌 것이 분명한가?

memo

1865년 허드슨 테일러가 창설한 중국내지선교회[CIM: China Inland Mission]는 1951년 중국 공산화로 인해 철수하면서 동아시아로 선교지를 확장하고 1964년 명칭을 OMF[Overseas Missionary Fellowship INTERNATIONAL]로 바꿨다. OMF는 초교파 국제선교단체로 불교, 이슬람, 애니미즘, 샤머니즘 등이 가득한 동아시아에서 각 지역 교회, 복음적인 기독 단체와 연합하여 모든 문화와 종족을 대상으로 예수 그리스도가 구세주이심을 선포하고 있다. 세계 30개국에서 파송된 1,300여명의 OMF 선교사들이 동아시아 18개국의 신속한 복음화를 위해 사역 중이다.

OMF 사명
동아시아의 신속한 복음화를 통해 하나님을 영화롭게 하는 것이다.

OMF 목표
하나님의 은혜를 통하여 동아시아의 모든 종족 가운데 성경적 토착교회를 설립하고, 자기종족을 전도하며 타종족의 복음화를 위해 파송되는 것을 목표로 한다.

OMF 사역중점
우리는 미전도 종족을 찾아간다.
우리는 소외된 사람들에게 관심을 갖는다.
우리는 복음을 전하는 일에 주력한다.
우리는 현지 지역교회와 더불어 일한다.
우리는 국제적인 팀을 이루어 사역한다.

OMF INTERNATIONAL-KOREA
한국본부: 137-828 서울시 서초구 방배본동 763-32 호언빌딩 2층
전화: 02-455-0261,0271/ 팩스・02-455-0278
홈페이지: www.omf.or.kr
이메일: kr.com@omfmail.com/ kr.family@omfmail.com